BEI GRIN MACHT SICH IHR WISSEN BEZAHLT

- Wir veröffentlichen Ihre Hausarbeit, Bachelor- und Masterarbeit

- Ihr eigenes eBook und Buch - weltweit in allen wichtigen Shops

- Verdienen Sie an jedem Verkauf

Jetzt bei www.GRIN.com hochladen und kostenlos publizieren

Sarah Diana König

Zu: Günter Grass - "Grimms Wörter. Eine Liebeserklärung"

GRIN Verlag

Bibliografische Information der Deutschen Nationalbibliothek:

Die Deutsche Bibliothek verzeichnet diese Publikation in der Deutschen National-bibliografie; detaillierte bibliografische Daten sind im Internet über http://dnb.d-nb.de/ abrufbar.

Dieses Werk sowie alle darin enthaltenen einzelnen Beiträge und Abbildungen sind urheberrechtlich geschützt. Jede Verwertung, die nicht ausdrücklich vom Urheberrechtsschutz zugelassen ist, bedarf der vorherigen Zustimmung des Verlages. Das gilt insbesondere für Vervielfältigungen, Bearbeitungen, Übersetzungen, Mikroverfilmungen, Auswertungen durch Datenbanken und für die Einspeicherung und Verarbeitung in elektronische Systeme. Alle Rechte, auch die des auszugsweisen Nachdrucks, der fotomechanischen Wiedergabe (einschließlich Mikrokopie) sowie der Auswertung durch Datenbanken oder ähnliche Einrichtungen, vorbehalten.

Impressum:

Copyright © 2011 GRIN Verlag GmbH
Druck und Bindung: Books on Demand GmbH, Norderstedt Germany
ISBN: 978-3-656-07573-8

Dieses Buch bei GRIN:

http://www.grin.com/de/e-book/183252/zu-guenter-grass-grimms-woerter-eine-liebeserklaerung

GRIN - Your knowledge has value

Der GRIN Verlag publiziert seit 1998 wissenschaftliche Arbeiten von Studenten, Hochschullehrern und anderen Akademikern als eBook und gedrucktes Buch. Die Verlagswebsite www.grin.com ist die ideale Plattform zur Veröffentlichung von Hausarbeiten, Abschlussarbeiten, wissenschaftlichen Aufsätzen, Dissertationen und Fachbüchern.

Besuchen Sie uns im Internet:

http://www.grin.com/

http://www.facebook.com/grincom

http://www.twitter.com/grin_com

PROSEMINARARBEIT IM SOMMERSEMESTER 2011

GÜNTER GRASS
GRIMMS WÖRTER
EINE LIEBESERKLÄRUNG

PROSEMINAR: DIE GEBRÜDER GRIMM
UNIVERSITÄT WIEN

INHALTSVERZEICHNIS

1. *Grimms Wörter*- Eine Liebeserklärung   3

2. Drei Ebenen und ein Sprach-Gerüst   5

    2.1. Die erste Ebene   5
    2.2. Die zweite Ebene   6
    2.3. Die dritte Ebene   7
    2.4. Das Sprach-Gerüst   8

3. Es war einmal..   10

    3.1. Der Berliner Tiergarten: nur ein Märchenwald   11
    3.2. Der Spiegel zur Geschichte   13
    3.3. Die *drei* Wünsche im Märchen   15

4. Die Kapitel   16

5. Resümee   18

6. Literaturverzeichnis   19

1. *Grimms Wörter* - Eine Liebeserklärung

"Dem will ich, der ich nunmehr das achtzigste Lebensjahr hinter mir habe, aber noch immer den Anschein erwecke, ausreichend bei Kräften zu sein, freudig beipflichten, zumal das Arbeiten kein Ende finden will. Selbst altherkömmliche Geschichten wollen aufs Neue erzählt werden. Immer war was. Zu aller Zeit fing etwas an. Und nach jeweiligem Schlußpunkt war mir weitere Arbeit gewiß bis heutigentags."[1]

Günter Grass, zu dieser Zeit 83-jährig, veröffentlicht im Herbst 2010 sein vorerst letztes Buch – Grimms Wörter, eine Liebeserklärung.
Das immerhin 358 Seiten starke, vom Autoren selbst illustrierte Werk zeigt sich als eine Hommage an die Gebrüder Grimm, die deutsche Sprache und letzten Endes – den Verfasser selbst.
Hierbei skizziert Letzterer ausgewählte Stationen des Lebens der Brüder und ergänzt diese durch Begebenheiten seines eigenen politischen sowie gesellschaftlichen Daseins.
Die Motivation für eine Synthese jener Geschichten in einem Buch entnimmt er den seiner Empfindung nach ähnlichen äußeren Lebensumständen. Zwar liegt die Lebens-und Schaffensphase Jakob und Wilhelm Grimms immerhin rund 100 Jahre vor seiner eigenen, doch sind beide durch *von radikalem Wechsel bestimmte Zeiten* geprägt. [2]

Die durch Kriege und Revolutionen gezeichneten, nur vage miteinander verknüpften deutschen Mächte zu Zeiten der Brüder befinden sich Generationen später zwar zu einem Staat vereint, jedoch im Jahre 1927 innerlich instabil geworden – Günter Grass wird in Danzig geboren – zwischen zwei Weltkriegen. Zu Beginn seiner Schaffenszeit, in der Mitte der 1950er Jahre, findet Grass sein Vaterland schließlich erneut geteilt sowie in einem politischen Wirrwarr gefangen vor.

„Wie dazumal ihm [..], ging es jetzt mir um die fehlende Einheit des Vaterlandes, an der zu leiden deutsches Vorrecht bleibt [...]." [3]

Die Geschichte scheint also durchaus Ähnlichkeiten für die drei Autoren zu beinhalten, auch wenn die Tinte, mit der sie geschrieben, jeweils doch eine andere ist.

Seinen Blick lässt der Verfasser im Verlauf des Romans über das politische Engagement der Brüder, das besonders Jakob betrifft, schweifen und spickt es soweit möglich mit eigenen Erinnerungen. Imponiert von ihrer Tatkraft schildert er auf den ersten Seiten ihren Protest *„1837 in Göttingen gegen die Abschaffung der Verfassung und damit gegen die Staatsmacht"*[4] zur Zeit der *Göttinger Sieben*. Grass, der selbst, wie in der Folge veranschaulicht, nicht ungern den Weg des geringsten Widerstandes mit wehenden Fahnen meidet, scheint dieses Gebaren – die grimm'sche *„Unbedingtheit"* - nachhaltig zu beeindrucken.[5]

---

[1] GW 2010, S.34.
[2] Interview
[3] GW 2010, S.108.
[4] Interview
[5] Interview

Neben den übergeordneten, durch die Politik bestimmten Schnittmengen finden sich, wie bei den meisten Menschen, ebenso auch bei Grass Berührungspunkte mit den Gebrüdern Grimm zur Zeit seiner Kindheit. Als Herausgeber der *Kinder-und Hausmärchen* haben sie von ihrer Popularität bis heutigentags wenig eingebüßt und somit den Nachkriegsautor in seinem Schaffen geprägt.

Neben den Märchen als Lektüre erinnert sich dieser stets an eine Aufführung des *Däumlings*, zu der er als Halbwüchsiger seine Mutter begleiten durfte.[6]

Die Figur des Däumlings, vielleicht sogar forciert durch jene Inszenierung des Danziger Stadttheaters,inspirierte Günter Grass letzten Endes in einem solchen Maße, dass er ihn veranlasste einen neuartigen Charakter aus ihm zu kreieren; 1959 erscheint sein erster Roman *Die Blechtrommel*,der dem Autor zu internationalen Erfolg verhilft, nicht zuletzt durch seinen Protagonisten *Oskar Matzerath*, der zwar von einer anderen Leserschaft rezipiert, dennoch kaum weniger prominent wird als sein Vorbild.[7]

Seinaus dem grimmschen Märchenheldenseiner Kindheit geborenen Schützling, der *„nicht wachsen, der als Dreikäsehoch klein bleiben und auf keinen Fall zu den Erwachsenen zählen wollte"*[8], scheint gleichsam wie sein Alter Ego auf den Autor eine nachhaltige Faszination auszuüben. So ist der Däumling die einzige Märchenfigur, die Grass im Vorliegenden eingehender thematisiert und er träumt, Oskar zuvor reichlich durch Zeilen geehrt, vor sich hin:

„Ach Oskar, wäre ich doch wie du
Ein Däumling geblieben."[9]

Neben der Verarbeitung ihrer Märchenfigur für einen seiner Romane treten aber auch die Herausgeber Jakob und Wilhelm Grimm als Charaktere nicht zum ersten Male in einem seiner Werke auf. *„In der "Rättin" versuchen sie zum Beispiel als Minister und Staatssekretär, das Waldsterben zu begrenzen."*[10]

Die Brüder in ihrer Tätigkeit als Märchensammler lässt Grass in seiner Publikation allerdings weitestgehend außer Acht und erwähnt diesen Teil ihrer Arbeit nur marginal.[11]Sein Interesse richtet er fast vollständig auf ihre Tätigkeit als Philologen, die die letzten Jahre ihres Lebens einem Projekt widmeten, das*„im Grunde nicht zu bewältigen [war]: ein Deutsches Wörterbuch voller Zitate und Beispielsätze."*[12]

Als beispielhaft gilt für Günter Grassdas Unterfangen die grimmschen Wörterzusammenzutragendeshalb, da es während der vielen Jahrzehnte der Bearbeitung jeglichen äußeren Widrigkeiten zum Trotze letzten Endes im Jahre 1961, 123 Jahre nach dem Beginn, zum Abschluss gebracht werden kann. Sogar in der Zeit des Kalten Krieges, zu der Deutschland teilweise durch eine Mauer separiert ist, stagniert das Bemühen nicht ein *geeintes* Deutsches Wörterbuch über alle Hindernisse hinweg zu erschaffen, weshalb Grass es auch als *"Spiegel jener Deutschen Geschichte"* erachtet.[13]

---

[6] Interview
[7] Interview
[8] GW 2010, S. 144.
[9] GW 2010, S. 145.
[10] Interview
[11] GW 2010, S. 11-12.
[12] Interview
[13] Interview

Letzten Endes geht es dem Verfasser wohl zusätzlich darum, in seinem Text die Würdigung der deutschen Sprache, ohne die der welterfahrene Schriftsteller nicht zu sein vermag, herauszustellen. Die Gestalten, in die Sprache schlüpfen kann, betont er hierbei genauso[14] wie die Notwendigkeit von ihrem Klang umgeben zu sein.

Ich habe meinen Roman "Die Blechtrommel" in Paris geschrieben und dort auch mit der Arbeit an "Hundejahre" begonnen. Aber nach vier Jahren merkte ich, wie verloren ich mich inmitten der fremden Sprache fühlte. Ich musste wieder zurück, hinein ins deutsche Sprachgebiet.[15]

Der Roman folgt augenscheinlich also nicht ausschließlich einer Linie, sondern greift diffizile Strömungen auf, die Grass eingefangen und verknotet zwischen diesen zwei Buchdeckeln vereint.

2. Drei Ebenen und ein Sprach-Gerüst

Günter Grass´ Motivation seine Eindrücke und Gedanken über die drei erläuterten Themen zu erfassen, zu vereinen sowie im Anschluss in einer umfangreichen Lektüre unterzubringen sind offensichtlich.
Es erscheint auch keineswegs ungewöhnlich genau diese - die Gebrüder Grimm, die deutsche Sprache und den für die Politik engagierten Autoren – in einen Zusammenhang zu bringen, da sich schon auf den ersten Blick Schnittmengen erschließen lassen.

Das Besondere hingegen, das den Roman auszeichnet, ist die Vielschichtigkeit, in der er sich präsentiert. Der Autor konstruiert auf seinen 358 papiernen Seiten immerhin ein Gerüst mit drei Ebenen, auf denen sich die Handlung zuträgt.

2.1. Die erste Ebene

Auf der ersten und grundlegenden Ebene stellt er die biographischen Hintergründe der Gebrüder Grimm dar. Seine Erzählweise gestaltet sich in diesem Zusammenhang nicht nüchtern analysierend, sondern eher seinen Protagonisten subjektiv anverwandt. In diesem *Plaudertone* berichtet Grass nun von ausgewählten Stationen ihres Schaffens sowie von zeitgenössischen Persönlichkeiten, mit denen sie mehr oder weniger, gern oder ungern verkehrt haben.
Einen Schwerpunkt legt er, nach kurzer Einführung in die familiären Verhältnisse der Familie Grimm, auf ihr Treiben in den Reihen der *Göttinger Sieben*.

„Diese Anmaßung rief nicht nur die Brüder Grimm, sondern zugleich fünf weitere Professoren, die man fortan [...] `die Göttinger Sieben´ nannte zur Protestation auf. Weil des Fürsten Zumutung ihr

---

[14] GW 2010, S. 351.
[15] Interview

Gewissen wachrief, ergrimmten sie allesamt wie angestoßen vom Namen der Brüder, denn das althochdeutsche grimme ist im Nibelungenlied schon dem Zorn zugeordnet [...]."[16]

Die beteiligten, im Zitat angesprochenen fünf Professoren Dahlmann, Albrecht, Weber, Ewald und Gervinius finden ihren Platz auch im weiteren Verlauf des Grass´ Buchs.
Eine nicht bedeutungslose Rolle nimmt neben den Vertretern des Hirzel Verlages auch Bettine von Arnim ein, die immerhin angestoßen durch einen regen Briefverkehr den Kronprinzen und späteren König von Preußen, Friedrich Wilhelm IV., dazu bewegt die Brüder in die Residenzstadt zu laden.

„Die Blicke die Sie mir in Herz und Sinn der beyden gegönnt haben, erwärmen mich wie der beste Trunk im Rhein-Gau und steigern mein Verlangen, sie die unseren zu nennen, unsäglich [...]."[17]

Auch Koryphäen wie August Heinrich Hoffmann von Fallersleben[18], Theodor Fontane[19] oder Charles Darwin, indem Jakob *„einen Bruder im Geiste erkennen [hätte] können"[20]*, werden mit ein paar Zeilen bedacht.

Zum biographischen Teil der Gebrüder, primär allerdings den Älteren der Grimms betreffend, gehört unter anderen das folgende Ereignis, nämlich Jakobs Mitwirkung an der*Paulskirchenverfassung* in der Frankfurter Nationalversammlung im Mai 1848.[21]
Beispielhaft ist sie nicht nur deshalb, weil sie einen Hinweis darauf, auf welchen Bruder Grass sein Auge vorzugsweise richtet, sondern gewährtzusätzlich den Blick auf die zweite sowie dritte strukturale Ebene des Gesamtwerkes.

2.2. Die zweite Ebene

Erstgenannte bietet dem Autoren den Raum sein eigenes Mitteilungsbedürfnis zu stillen – wasin der gebotenen Frequenz eher zu negativen Rezensionen geführt hat - und beherbergt die Schilderungen seiner Erfahrungen.
Anknüpfend an die *Paulskirchenversammlung* berichtet er über eine von ihm gehaltene Laudatio im Oktober 1997 zu Ehren des türkischen Schriftstellers Yasar Kemal unter dem Dach der Kirche[22], die er angestoßen durch das*Stichwort*aus Grimms Zeit als eigene Anekdote anschließt. Durch diese Art der Montage weist er gezielt auf Entsprechungen zwischen seiner Person und den beiden Altphilologen hin, die, wie bereits erwähnt, keinen unbedeutenden Motivator zur Entstehung des Romans darstellen.
Doch auch losgelöst von Parallelereignissen fügt er abgeschlossene, eigenständige Berichte über seine Arbeit, Familie oder Begegnungen mit verschiedenen Personen in den Text ein und erhellt damit seine eigene *„politische und gesellschaftliche Seite".[23]*

---

[16] GW 2010, S. 15.
[17] GW 2010, S. 51.
[18] GW 2010, S. 151.
[19] GW 2010, S. 157.
[20] GW 2010, S. 239.
[21] GW 2010, S. 157.
[22] GW 2010, S. 160.
[23] Interview

Die erste und zweite Ebene bilden also die Fundamente des Romans und geben dem Rezipienten einen Einblick in die Biographien der drei Autoren.
Unterschiedlich sind die Beschreibungen lediglich durch den Umfang sowie die Komplexität ihrer Darstellung. Das Leben der Grimm Brüder finden wir in ausgewählten, mehr oder weniger intensiv thematisierten Episoden transparent gemacht, von der Geburt bis zu ihrem Tode dargestellt. Grass geht hierbei chronologisch vor und schafft einen akzentuierten Gesamtüberblick, indem sowohl ihr familiäres Umfeld Erwähnung findet - gleichsam wie ihre Arbeit als Philologen.
Grass hingegen präsentiert nur ausgewählte *Fetzen* seines Werdeganges ab etwa den 1960er Jahren, die, ohne sich einen Eindruck seiner Existenz im Vorfeld geschaffen zu haben, allein wenig Aufschluss über sein Leben geben würden.Es handelt sich um bewusst ausgewählte, selektierte Ausschnitte, in denen er sich als individualistisch-aufrührerischen Denker darbietet.

2.3. Die dritte Ebene

Auf der dritten Ebene, die sich in einem Hohlraum zwischen den beiden vorherigen befindet, laufen Letztgenannte lose zusammen und verschmelzen hier zu einem mehr oder minder festen Faktotum des fiktiven Handlungsraumes. Grass stellt sich beispielsweise als Gesellschafter Jakob und Wilhelm Grimms dar, der die beiden über das Fortkommen des deutschen Wörterbuchs nach ihrem Tode, im Zuge gemeinsamer Tiergartenspaziergänge, unterrichtet.
Auch die Art, in der der Verfasser einige Passagen beschreibt, ist diesem *Interlevel* zuzuordnen und induziert das Gefühl selbiger wäre ebenfalls in einer bestimmten Szenerie anwesend, die er in vertrautem Flüstertone an seinen Leser überträgt.

„So kommt er mir nah. Vorm Fenster ist Winter. Bald wird ihm die neue Leselampe, die Wilhelm als Ersatz für die qualmende geschickt hat, beistehen. Mit rundem Buckel, wie von Ludwig Emil karikiert, sitzt er vorm überladenen Tisch, kramt im Zettelkasten, [...]."[24]

Auch Jakobs 1860, nach dem Tode seines Bruders Wilhelm, vorgetragenen *Rede über das Alter*[25] wohnt Grass als Zuhörer bei. In dieser Situation imaginär angekommen, beschreibt er Raum und Geschehen um den Vortragenden; angefangen bei einer Skizze des Auditoriums sowie des Redners selbst, fängt er vor allem die gegenwärtige Stimmung ein.[26]
Der selbst in die Jahre gekommene Verfasser hört der Rede aufmerksam zu, beginnt sogar *„Notizen zu kritzeln"*[27] und identifiziert sich augenscheinlich mit dem Gesagten.

„Also ist für mich, den Hinterbänkler, bestimmt, was Jakob, der vorne den Pultdeckel kaum überragt, dem Psalm nachspricht: [...]"[28]

---

[24] GW 2010, S. 48.
[25] GW 2010, S. 256.
[26] GW 2010, S. 256-258.
[27] GW 2010, S. 257.
[28] GW 2010, S. 258.

Die Schwerhörigkeit ist, wie man erfährt, ein geteiltes *Leid* des, das achtzigste Lebensjahr bereits überschrittenen Zuhörers Günter Grass und dem einige Jahre jüngeren Orator Jakob Grimm.
So teilen die beiden Herren, zwischen deren Atemzügen eigentlich rund 100 Jahre verstrichen sind, Raum, Zeit und alltägliche Attribute ihrer Personen.

Aber nicht nur sich selbst phantasiert Grass in die grimmsche Welt hinein; so wohnt er einer fiktiven Begegnung Jakobs mit dem bereits zuvor genannten Charles Darwin bei.[29]

„Der eine, weit jünger als der andere, wirkt, [...] ältlicher als der andere, der wenngleich hohlwangig, weißhaarig und gekrümmt, zwar einen Greis verkörpert, aber dennoch jugendlich anmutet; [...]"[30]

Als am auffälligsten bei diesem Treffen zuerwähnen ist jedoch hauptsächlich der Verlauf, den es nimmt. So scheinen sich der *Natur-* und der *Sprachforscher* nicht wirklich etwas zu sagen zu haben, da sie die meiste Zeit schweigend miteinander verbringen. Erst angestoßen durch einen Einwurf des beiwohnenden Grass selbst beginnen sie nebeneinanderher zu philosophieren.

„Nun reden sie jeder für sich, sind Einzelgänger, mehr noch Eigenbrötler, untauglich fürs Zwiegespräch."[31]

Die lakonische Art der Brüder, die sich auch untereinander häufig *„schweigend im Zwiegespräch"*[32] befinden, scheint den Verfasser nicht weiter zu stören, denn genauso beschreibt er ihren Habitus im weiteren Verlauf auch während der Zeit seiner Zusammenkünfte mit ihnen. Sie wirken abwesend und nicht daran interessiert sich mit dem, ihnen merklich wohlgesonnenen, Autoren zu unterhalten.

Günter Grass konstruiert also eine Zwischenebene, auf der er die Möglichkeit hat mit dem populären Brüderpaar in Kontakt zu treten. Dass dieses auf seine Annäherungsversuche zwar eher wenig enthusiastisch reagiert, lässt den Erzeuger der Treffen in gleichem Maße unbeeindruckt. Eher noch steigert er progressiv die Präsenz seines Auftrittes in diesen Szenerien.

2. 4. Das Sprach-Gerüst

Doch neben den interagierenden Figuren ist, wie bereits erwähnt, *GrimmsWörter* nicht ausschließlich auf seine Protagonisten zugeschnitten. Besondersder deutschen Sprache widmet ihr *Schreiberling* einen Großteil seiner Aufmerksamkeit; sie ist ihm Werkzeug und Werkstück zugleich.

---

[29] GW 2010, S. 240.
[30] GW 2010, S. 240.
[31] GW 2010, S. 241.
[32] GW 2010, S. 172.

Als Basistext dient ihm das, auch in Bezug auf die Schaffenszeit der Grimm Brüder fokussierte, Deutsche Wörterbuch. Es verleiht seinem Werk eine äußere Struktur, die sich in den Kapitelbezeichnungen A-F, K sowie U und Z zu erkennen gibt.
Ähnlich Jakob und Wilhelms arbeitet er nun jene genannten Lettern ab

„*So über Wortbrücken sind wir verbunden: Lustwandler auf eingetretenen Wegen. Ich bin dem einen, dem anderen beiseite oder wahre Abstand zu den Lautverschiebern, Wortschnüfflern, Silbenstechern.*"[33]

und legt über den eigentlichen Kern der Erzählung einen *textus*, gewoben aus denen, dem Lexikon entnommenen Stichworten. Sie bilden das sprachliche Gerüst des Romans und verfolgen nicht nur eine verknüpfende Funktion der Einzelgeschichten zu einem vollständigen Korpus, sondern zeugen auch von dem Händchen und der Hingabe des Autoren für seine Muttersprache. Grass gelingt es eine prosaische Auflistung der unterschiedlichsten Begriffe in einen metaphorisch, pointierten Text zu verwandeln.
Er spielt mit den Buchstaben, Silben und Worten und schafft ihnen, eingeschlossen in diesen Band, einen eigenen Mikrokosmos.

„*Er [Jakob] feiert die* Ein*zahl, lobt die* Ein*falt, nennt das* eins*, zwei drei Zauberei, erlaubt dem* Ein*horn aus dem Märchenbuch* Ein*zug ins Wörterbuch. Man ist mit sich* eins*, geht* eins *trinken, pfeift sich* eins*. Poeme feiern die* Ein*samkeit. [...]*"[34]

Hierbei konzentriert er sich nicht darauf durch Worte und Sprache einen bestimmten Inhalt zu übermitteln, sondern errichtet *buchstäblich* ein Kunstwerk aus Redefiguren, das es vermag für sich selbst zu stehen.
Grass stellt jene zwei Eigenschaften, die die deutsche Sprache in seinem Werk repräsentieren, polarisierend gegenüber: als Werkzeug schürt sie die harte Arbeit, der es bedurft hat sie diachron zu betrachten, ihr sogar ein letzten Endes 32-bändiges Werk zu widmen, andererseits kann sie als Produkt dessen, gesammelt, geordnet gestapelt und in Form gebracht zu einem Werkstück werden, dessen Anmut kaum bestreitbar ist.

Grimms Wörter vermittelt sich dem Rezipienten als ein vielschichtiges Werk, das durch seine immanente Struktur zu einem plastischen, dreidimensionalen Gebilde wird, das den Leser durch viele Türen zu sich einlädt.

---

[33] GW 2010, S. 13.
[34] GW 2010, S. 182.

3. Es war einmal..

Die wohl populärste Sentenz, die man mit einer Textgattung assoziiert ist jene des *'Es war einmal...'* als Schlüsselsatz zum Eingang ins Land der Märchen.
Die Gebrüder Grimm, die sich als ihre Sammler*märchenhaft* viele von ihnen nacherzählen ließen, sie aufschrieben und herausbrachten, machten sie somit für die nachfolgenden Generationen zugänglich.
In *Grimms Wörter* werden ihre Bemühungen, die dieses Unterfangen gefordert hat, von Grass allerdings nicht eingehender thematisiert, als an gegebenen Stellen Elemente der Märchen in seiner Stichwortliste hervorzuheben und damit an die Leistung der Brüder auf diesem Gebiete zu erinnern.
Der Verfasser verwendet diese Arbeit allerdings auch anderweitig in seinem Roman. Hierbei macht er sich für sein eigenes Werk nicht die plakativ-inhaltliche Substanz zu Nutze, sondern das, was sie subtil in sich trägt: die Symbolik des Märchens.

Demzufolge bindet der Autor erkennbar manche der grimmschen Schriften in seinen Roman ein. Bei der Rede über das Alter sitzt er selbst im Auditorium und gibt eigene Erfahrungen über das Altern preis, das *Deutsche Wörterbuch* verwendet er als das offensichtliche, stabile Grundgerüst seines Buches, in das er die einzelnen inhaltstragenden Ebenen, die sukzessiv sogar selbst von ihm zeugen, hineinzimmert. Im Falle der Märchen flechtet er Greifbares in den Text ein, geht aber teilweise auch *subtiler* vor. Für den Rezipienten wäre aus diesem Grunde sinnvoll, bzw. eher notwendig in dem Maße Kenntnis der Kinder-und Hausmärchen zu besitzen, die darüber hinausgeht, dass es nicht Tick, Trick und Track waren, die am Lebkuchenhaus genascht haben. Ohne nur ein wenig Gespür für die in diesen Texten auftretenden Symbole zu besitzen, wird der Rezipient diesen *Subtext* nicht entschlüsseln können und ein großes Symbol des Märchens in *Grimms Wörter* übersehen.

Bereits auf der zweiten Seite des Romans nennt Grass den *„Wald [...], in dem sich Kinder und Wünsche verliefen und in vielerlei Gestalt die Angst wurzelte"*[35] und überträgt mit dieser Stelle eine Mystifizierung des Waldes, wie sie hier den kindlichen Grimm Brüdern zu Teil, später auch im Märchen auftreten wird.
Für Jakob und Wilhelm hatte das Gehölz eine besondere Bedeutung, die sie später in ihre Kinder- und Hausmärchen einfließen lassen.

„In ihrem Märchenwald spiegelt sich die Sehnsucht der Romantik nach Einheit und Wiederbelebung der deutschen Kultur durch eine geistige Rückkehr in die Wälder."[36]

Das Wesen des Waldes ist nicht einzig in der grimmschen Zeit eng mit dem Volk der Deutschen verbunden. Schon seit der *Varusschlacht*, in der, das für ihre Kriegskunst noch heute berühmte, römische Heer im *Teutoburger Wald* von den Germanen besiegt wurde, über die Grimms bis hin zur Abholzung der deutschen Wälder zur Begleichung der *Reparationszahlungen* an die Alliierten nach dem zweiten Weltkrieg, ist der *Wald* eng mit den Deutschen verknüpft.
Wenig überraschend daher auch die Rolle, die jenem in den grimmschen Märchen zu Teil wird.

---

[35] GW 2010, S. 10.
[36] www.ennulat-gertrud.de

Der Wald stellt sich uns dar als etwas Düsteres, Mystisches, von dem nicht nur eine gewaltige Anziehungskraft ausgeht, sondern der auch Hexen und böse Wölfe beherbergt.
Jedoch sind durchaus auch freundlich gesinnte Personen im Wald zu finden. So thematisiert Jakob Grimm beispielsweise die *Waldfrau* in seiner *Deutschen Mythologie*.[37]Sie ist es die Fehlgeleitete auf den rechten Pfad zurückbringt und Suchendenbeim Finden behilflich ist.
Gestalten, die freiwillig den dunklen Wald betreten, haben meist etwas auf dem Herzen, das sie bedrückt, oder sie sind auf der Jagd nach der Lösung eines Missstandes.
Die Einheit des Lebens im Wald und die Reinheit, die diese verkörpert, schafft es das innere Gleichgewicht des Suchenden wieder herzustellen.[38]

3.1. Der Berliner Tiergarten: nur ein Märchenwald

Günter Grass nutzt Spezifika des Märchenwaldes, um seinem Roman etwas mehr *Grimm* zu induzieren.
Als Hauptschauplatz dient dem Autor nämlich der in Berlin befindliche *„Thiergarten"*, in den sich die Gebrüder nach ihrer Umsiedlung in die preußische Hauptstadt 1841 mit Genuss für ausgedehnte Spaziergänge zurückziehen.
So sind es nicht die Arbeitsräume Jakob und Wilhelm Grimms, in denen das Deutsche Wörterbuch Stück für Stück auf Papier festgehalten Gestalt annimmt. Hier befinden sich zwar ihre Bücher, Manuskripte, all die Zettelkästen mit den Stichworten der Helfer für das Lexikon und ihre unterschiedlichen Schreibwerkzeuge. Doch für Grass ist diese *Denkfabrik* wenig interessant. Nicht sie ist es, die durchgehend fokussiert und als Ort der Ideenfindung gepriesen wird. Es geht nicht um das Haus *„am Rande des Waldes"*, in dem die Brüder über einige Jahre ihr Quartier nehmen, sondern um den Wald selbst.
Der Berliner Tiergarten besitztsowohl für die Brüder als auch für den Roman an sich eine zentrale Bedeutung.
1840 erhält Jakob einen Brief des preußischen Kultus-Ministers mit der Aufforderung ihre kürzlich begonnene Arbeit am Wörterbuch in Berlin fortzusetzen und *„die große und überaus schwierige Aufgabe, welche Sie sich in der Ausarbeitung eines vollständigen critischen Wörterbuchs der deutschen Sprache gestellt haben, hier in Sorgenfreier Musze unter Benutzung in der Hauptstadt sich darbietender Hilfsmittel und Fördernisse lösen."*[39]
Von diesem Zeitpunkt an sind sie regelmäßig im Tiergarten zu finden, der ursprünglich den Kurfürsten von Brandenburg als Jagdgebiet dienend, auch die Brüder zu so ziemlich jeder Jahreszeit zum Lustwandeln einlädt. Sie wenden jene Vokale[40] und Konsonanten in ihren Mündern, an den sie gerade für das Wörterbuch arbeiten und lassen sich die dazugehörigen Worte auf der Zunge zergehen.

„Jakob hingegen, der mittlerweile das B und das C hinter sich glaubte und schon seit Monaten mit dem Buchstaben E den Tiergarten heimsuchte [...]."[41]

---

[37]www.ennulat-gertrud.de
[38]www.ennulat-gertrud.de
[39] GW 2010, S. 92-93.
[40] GW 2010, S. 172.
[41] GW 2010, S. 204-205.

Heimgekehrt werden ihre gedanklichen Vorformungen schließlich in einem, von Grass nicht betrachteten Akt, niedergeschrieben.
So begeben sich Jakob und Wilhelm Grimm, die ewig nach Wörtern *Suchenden*, in den Tiergarten, umringt von altem Baumbestand, um ihre Gedanken zu ordnen sowie von der Frische der *Waldluft* angeregt zu werden. Hier passiert die *Arbeit im Geiste*, die für das Wörterbuch unerlässlich ist.
So ist der Tiergarten äußerlich zwar kein Märchenwald im eigentlichen Sinne, der durch eine düstere Atmosphäre seinen starken Charakter vermittelt, sondern eine Modifikation desselben aus der urbanen Welt. Der Wald ist zu dieser Zeit schon den Menschen *unterworfen* und stellt sich durch moderne Entwicklungen nicht mehr in der Gestalt des unüberwindbar unheimlichen Unterholzes dar. Er bietet jedoch zu den staubigen, dem Rezipienten eher düster imaginierten, Gelehrtenstuben mit den Tonnen an alten Büchern, einen luftig-frischen Ort, an dem die Seele ihren Raum beziehen kann. Das vereint ihn mit dem Märchenwald. Der aus dem Gleichgewicht gekommene, suchende Charakter findet hier ein Auffangbecken und kann sich vollkommen geistig entfalten.

Das Märchenhaft-Surreale des Waldes kommt allerdings auch in Grass Inszenierung des Berliner Tiergartens zum Tragen, auch wenn man hier keine leibhaftigen Hexen, Zwerge oder Froschkönige antrifft.

In dieser Umgebung entfaltet sich, wie bereits geschildert, ungehindert die geistige Welt der Brüder. Vorstellungskraft und Abstraktion herrschen hier vor.
Sichtbar wird dies beispielsweise, als Wilhelm nach Diminutiven suchend seinen Weg durch den Tiergarten macht und in diesem Zuge die an ihm vorüberschreitenden übrigen Besucher des Gartens *„mit bissigen [...] Vergleichen kommentiert"*[42].
Die realen Spaziergänger scheinen den Unmut des, auf seine Familie und besonders auf seinen Bruder fixierten Denkers zu wecken.
Schnell wendet er sich einem ihm Behaglichkeit vermittelnden Gegenstand zu und sucht nach Verkleinerungsformen im Märchen wie den sieben Geißlein oder dem Tapferen Schneiderlein.[43] Grass tituliert all diese Figuren sowie die zusätzlich von ihm genannten als *„verwandte Seelen"*[44] Wilhelm Grimms.
Die Bewohner des Märchenlandes werden also in die Umgebung des real existierenden Berliner Tiergartens geholt und ihre Gesellschaft derer der wirklich anwesenden Personen vorgezogen. Hier, auf den Wegen schreitend, im Geiste lebend, sind sie seine herbeigewünschten Kompagnons und erheben den Tiergarten auf die Stufe eines *wirklichen Märchenwaldes*.

Wiederkehrend bei ihren Tiergartenbesuchen taucht auch der, Venusbassin genannte, Goldfischteich als Ziel der Brüder auf. Seinen Namen verdankt dieser der steinernen Venusfigur, die über dem Wasser platziert ist; *„eine Dame, die sogar von Jakob mit abtastenden Blicken bedacht wurde, allseits dichtbei oder aus nur kurzer Distanz und sooft er ihr begegnete."*[45] Zu ihr kehren die Brüder auf ihren, mit der Suche nach neuen Wörtern gefüllten, Märschen stets wieder und scheinen ihr etwas Heilsames abzugewinnen. Sie erinnert an die *Waldfrau*, die im Märchen stets den richtigen Weg zu weisen vermag.

---

[42] GW 2010, S. 124.
[43] GW 2010, S. 124.
[44] GW 2010, S. 124.
[45] GW 2010, S. 141.

Die Imagination im Tiergarten geht in *Grimms Wörter* allerdings über jene Szenerien hinaus. So begibt sich der Autor selbst in seinen eigens kreierten Märchenwald, um nicht nur für seine Protagonisten Wilhelm und Jakob etwas Transzendentales zu schaffen, sondern auch für die eigene Person. An diesem Ort hofft er auf eine Begegnung mit *Fonty*, einem an Theodor Fontane angelehnten Helden, der in einem seiner übrigen Werke zu finden ist. Grass ist auf der Suche nach dem „*Causeur*"[46] mit hugenottischer Abstammung und zählt wild durcheinander werfend Eindrücke alter und neuer Zeit zusammen auf. In dieser Situation begibt er sich ebenfalls in den Tiergarten mit der Äußerung des Wunsches Fonty hier anzutreffen.

Wie Wilhelm seine Märchenfiguren zu seinem Spaziergang herbeiholt, betritt Günter Grass den Berliner *Märchengarten*, um Fonty zu begegnen und Fontanes Spuren zu *suchen*.

„Ich hingegen bin noch auf Suche und sehe mich rückläufig `Ein weites Feld` abschreiten, während der Westen den Osten bereits zu schlucken beginnt."[47]

Rund 250 Seiten später scheint er ihn nun *wirklich* gefunden zu haben und unternimmt mit ihm eine Ruderbootfahrt auf dem *Neuen See*.[48]

Später lässt es sich der Autor nicht nehmen die Grimm Brüder nach ihrem Tode selbst über das Fortkommen am Wörterbuch aufzuklären und wünscht sie sich zu diesem Zweck herbei oder aber er genießt ihr Gesellschaft, um mit ihnen über die *gute alte Zeit* zu schwadronieren. Wie bereits erwähnt, schafft er, angesiedelt auf der dritten Ebene, einige fiktive Zusammenkünfte mit den Philologen.

„Schließlich entscheide ich mich für das Märchen und versuche mit leisem Gemurmel und namentlicher Beschwörung `Rapunzel, Rapunzel, laß mir dein Haar herunter´ [...] abermals Wilhelm in den Tiergarten zu locken; er ist schon immer gut für Begegnungen außer der Zeit gewesen, darin verführbarer als Jakob."[49]

Der Berliner Tiergarten dient Grass also nicht nur als bloße Kulisse seines Romans, vielmehr liefert er dem Autoren eine Bühne, auf denen Grimms Märchen Wirklichkeit werden können... .

3.2. Das Fenster zur Geschichte

Die werkimmanente Funktion des Tiergartens ist noch weitreichender, denn sie liefert dem Rezipienten ein *Fenster* zur Geschichte. So werden einige Knotenpunkte des Buches in die Idylle des Tiergartens gebettet, aber auch der Ort als Konstante in der Dynamik des zeitlichen Wandels mit unterschiedlichen Gesichtern gezeigt.

---

[46] GW 2010, S. 108.
[47] GW 2010, S. 109.
[48] GW 2010, S. 354.
[49] GW 2010, S. 310.

Grass beschreibt den Tiergarten ab dem Zeitpunkt seiner Gestaltung durch Peter Joseph Lennés. Aus der Vogelperspektive liefert er dem Leser eine schnelle Schilderung des Areals, das als Standort für seinen Romanwegweisend ist und betont hierbei vor allem die Weitläufigkeit des Geländes mit seinen Wegen und Seen sowie dem *„waldig dichte[n] Baumbestand"*.[50]

Zurzeit der Grimm Brüder liefert der Garten einen Ruhepol und Rückzugsort für die reizüberfluteten Städter. Der Ort ist, so wie Grass ihn beschreibt, ein Bildnis vollkommener Harmonie und es herrscht ein Gleichgewicht zwischen Mensch und Natur.
In Kapitel Z, dem letzten Kapitel der *Grimms Wörter,* ist diese Balance bereits gestört und wir finden den Garten gezeichnet von den Spuren des Zweiten Weltkrieges.

„Wohin auch, wie weit und auf was der Blick fiel: wüst lag der Tiergarten. [...] Geblieben waren restliche Bäume, nachgelassenes Kriegsgerät, versumpfte Tümpel."[51]

Das einleitend beschriebene Bild der Parkanlage schildert Grass nun eindrucksvoll dem Wandel der Zeiten unterlegen. Es ist frappierend zu lesen, wie sich die idyllische Landschaft des grimmschen *Märchengartens* zu diesem Zeitpunkt zerstört und heruntergekommen dem Rezipienten darbietet. DerselbeStadtgarten, unendliche Gesichter.

Doch wie im Märchen gibt es auch für den Berliner Tiergarten ein *Happy End*. Nach den Rückschlägen, die Deutschland durch das Dritte Reich mit dem Zweiten Weltkrieg erlebt hat – wie auch im Märchen zeitweise das Böse die Oberhand gewinnt – finden wir den Park auf den letzten Seiten wieder*neuerblühend* und neugeordnet vor. Gesäubert und befreit von Schutt wächst und gedeiht alles wieder wie eh und je, um die alte Idylle wieder herzustellen. Grass beschreibt es fast, als wäre hier etwas *Wunderbares* im Gange, das den Tiergarten in großer Geschwindigkeit wieder gesunden lässt.

„Kaum waren die Trümmer abgetragen und Bombentrichter geebnet, [...] wurde die Brachfläche mit schnellwachsenden Pappeln und Schwarzerlen bepflanzt. An anderen Stellen wuchsen Hainbuchen, Stieleichen, Birken und Kiefern, die sich [...] mählich zum Wald verdichteten [...]."[52]

Im Dezember 1960 schwört Grass die Brüder erneut auf ein Treffen im Tiergarten ein, um sie über die Veröffentlichung des dreißigsten Bandes zu unterrichten.[53] Die Errungenschaften der Gegenwart können auch an dieser Stelle wieder am Beispiel des Tiergartens festgemacht werden. Nahe dem zur grimmschen Zeit hier vorgefundenen *Zeltenplatz* sitzt er nun mit den Philologen auf einer Bank und berichtet seiner Leserschaft von den im Krieg zerbombten *Zeltengebäuden*, auf deren Standort 1957[54] die Berliner Kongresshalle neu errichtet wurde.[55] Er eröffnet also anhand nur eines Schauplatzes im Tiergarten drei Zeitbezüge.

Auch die Entwicklung des Deutschen Wörterbuches, der *Text* an den *Grimms Wörter* selbst angelehnt ist, verknüpft er, wie bereits angedeutet, mit dem Stadtgarten.

---

[50] GW 2010, S. 141.
[51] GW 2010, S. 323.
[52] GW 2010, S. 337.
[53] GW 2010, S. 348.
[54] www.Berlin.de
[55] GW 2010, S. 348.

So überbringt er Jakob und Wilhelm Grimm die Nachricht von der Vollendung des Buches während einer Ruderbootfahrt im *Neuen See*.

„`Freut euch mit mir! Welche Wunder! Von A bis Z, zweiunddreißig Bände stark liegt endlich der Grimm, das deutsche Wörterbuch vor.'"[56]

Der Berliner Tiergarten besitzt neben seiner transzendentalen Funktion in *Grimms Wörter* gleichsam die Eigenschaft etwas über die *Zeit* und ihre Bedingungen zu erzählen.
Vom eigentlichen Beginn der Handlung, die mit der Arbeit am Wörterbuch beginnt, bildet der Ort das lokale sowie ebenso auch *mentale* Zentrum des Romans. Hier vermischen sich Traum und Wahrheit in Verbindung des geschichtlichen Werdegangs des Vaterlandes der drei Autoren sowie dem Buch, das sie verbindet – dem Deutschen Wörterbuch.

3.3. Die *drei* Wünsche im Märchen

Nicht nur im Falle der Wünsche, auch ansonsten bezieht die Zahl *Drei* eine wichtige Rolle in Grimms Märchen.
Ihre Geschichte reicht allerdings viel weiter zurück und so ist sie in vielen Religionen das Abbild der Vollkommenheit; im Christentum repräsentiert sie die *Dreifaltigkeit*. Die *Urform der Familie* beschließt sich in der typischen Vater-Mutter-Kind-Struktur.
Auch Aristoteles maß der *Drei* eine besondere Größe zu, da sie die kleinste Zahl ist, die sich durch Anfang, Mitte und Ende auszeichnet.
Wichtig erscheint noch die unsrige Wahrnehmung der Welt, die wir als *dreidimensional*erkennen. Fällt eine Dimension weg, würde sich ein Ungleichgewicht ausbreiten.
In alten Kulturen, lange vor der Zeit der Grimm Brüder, fanden sich Beschreibungen des Lebens- sowieJahreszyklus in *drei* Teilen. [57]

Auch auf Günter Grass hat die kleine Zahl während seiner Schreibarbeit an dem Roman eingewirkt und so taucht sie an verschiedenen Stellen auf.

„[...] jetzt ist er bei drei, dreierlei, den drei Wünschen im Märchen."[58]

In Verbindung mit dem Buchstaben D des deutschen Wörterbuches kann er es nicht lassen die Zahl zu nennen und mit ihr seine *Spielchen zu treiben;Dreibein, Dreieck* und *Dreifaltigkeitsblume* sind nur *drei* der Stichworte, die der Autor an dieser Stelle nennt.[59]
Die mystischeZahl, die in Religion und Kulturgeschichte ihren Ursprung nimmt und der auch im Märchen eine wichtige Rolle zukommt,liefert ein weiteres Mittel dieses Werk der Gebrüder auf unterschwellige Weise zu würdigen.

---

[56] GW 2010, S. 355.
[57] www.Glaube-und-Kirche.de
[58] GW 2010, S. 13.
[59] GW 2010, S. 147.

Grass verleiht seinem Werk ein *drei-Protagonisten-Schema*, eine *Trinität*, die durch ihre Liebe an der deutschen Sprache verbunden ist.
Zudem bekommt das Werk durchaus einen *dreidimensionalen* Charakter, aufgebaut aus den *drei* Ebenen, auf denen der Autor seine Handlung spielen lässt. Ohne die märchenhaft-transzendentale *dritte* Ebene im Buch wäre sein Werk lange nicht so ansprechend und würde sich kaum so sehr von anderen unterscheiden.
Außerdem kann man zusätzlich einen *dreigeteilten Zyklus* im Buch festmachen, in der die Handlung entweder im Sinne der deutschen Geschichte geteilt werden kann - grimmsche Zeit, zweiter Weltkrieg, Nachkriegszeit - oder aber mit dem Fokus auf Jakob und Wilhelm Grimm gerichtet, wie sie sich uns in *Grimms Wörter* zeigen -die Göttinger Sieben und die Auswirkungen, Berlin,ihr Ableben (in Verbindung mit der dritten Ebene).

Auch in dem grass´schen Werk sind nach näherer Betrachtung interessante Schnittmengen mit der *Drei* anzustellen, die sich auf ihre historischen Wurzeln zurückführen lassen. Ergänzend zu den zuvor thematisierten Kapiteln verleiht dies den grimmschen Wörtern zusätzlich seinen märchenhaften Charakter, auch wenn dieser nicht von jedem Leser erkannt werden kann, da man zuerst um *drei* Ecken denken muss.

4. Die Kapitel

Die Gestaltung der Kapitel in *Grimms Wörter* verläuft nicht nach einem standardisierten Muster. Die einzige Konstante ist das Aufgreifen des kapiteleinleitenden Buchstabens für seine Stichworte, um die Grass seine Geschichten spinnt.
Allerdings bezieht er ab dem Kapitel *E* auch Schlagworte abseits des Vokals hinzu. Dies ist vielleicht mit der Fülle an Zuschriften zu erklären, die die Gebrüder Grimm zur damaligen Zeit bereits erhalten haben und eine lineare Denkweise streng nach dem Alphabet nicht mehr zulassen.
Trotzdem ist die Art, wie das Kapitel aufgebaut ist nicht von den übrigen unterschieden.
Die Erzählung wirkt spontan und es ist kaum vorstellbar, dass Günter Grass den Inhalt, den er seinen Abschnitten einverleibt, im Vorfeld geplant hat. Es erscheint eher, als würden sie sich aus sich selbst heraus erschaffen; sie rollen förmlich dahin, wie ein Schneeball, der ganz klein seinen Ursprung nimmt und nach mehrmaligem Hin-und Herkullern allmählich an Umfang gewinnt.

Am Beispiel des genannten Kapitels ist der über die Seiten *rollende Vokal*erkennbar, wie er sich stets zu neuen Stichworten verdichtet, wobei hier nur *Grimms E-Wörter* betrachtet werden sollen.
Beginnend mit der *Erde*, dem Garten *Eden* sowie seiner *ersten* Bewohnerin *Eva* wird der Rezipient in diesen Teil des Werkes *eingeführt*.[60]
Anhand der *Einheit* werden Betrachtungen auf erster sowie zweiter *Ebene* vollzogen. So ist nicht nur jener angestrebte Zusammenschluss der deutschen Länder im 19. Jahrhundert gemeint, sondern es wird auch die deutsche *Einigung* Osts und Wests 1989 betrachtet. Nach

---

[60] GW 2010, S. 171.

dem geschichtlichen *Exkurs* folgen die dem Autoren *eigenen* Wortspielereien, anhand der im Deutschen Wörterbuch befindlichen Schlagworte.

„*Die* Enge *will* erweitert, *die* Ernte *muß* eingebracht, *die* Ehre *dem Geiz* einverleibt, *das* Essen *bereitet werden.* Elend *ist vorerst zu übersehen, doch nicht die* Elle, *die* Ecke, *das* Erbe."[61]

Nach einer Ausarbeitung über das *Ende* ist Grass noch lange nicht hier angelangt und schwadroniert über die *Ehe*. Interessant erscheint ihm nicht nur die *eigene*, sondern vor allem auch die Wilhelms mit seiner Frau Dorothea und letzten *Endes* – seinem Bruder Jakob.[62] So war es, wie wir erfahren, eine Kollektiventscheidung der Beiden, wer von ihnen sich wohl besser für die *Ehe* eigne. Wilhelm, der den Schritt wagte, schien seinen Bruder seiner Frau gleichrangig zu betrachten. Die Testamente der Brüder zeugen davon, dass sie sich sowohl einen Besitz teilten und Jakob im Todesfalle seines jüngeren Bruders das neue Familienoberhaupt werden würde.[63]

Weiter geht es anschließend mit dem *Elend,* das Jakob im Kasseler *Exil erleben* musste, und den bedauernswerten Künstlern, deren Kunst im Dritten Reich als *entartet* angesehen wurde.

So geht das Kapitel dahin und informiert gleichzeitig über tragende *Ereignisse* wie den Druck des ersten Wörterbuch Bandes oder das traurige *Ende* einer Ära durch den Tod Wilhelm Grimms.

---

[61] GW 2010, S. 183.
[62] GW 2010, S. 186.
[63] Briefwechsel S. 795-798.

5. Resümmee

Grimms Wörter im Zuge dieser Arbeit nicht nur zu lesen, sondern vor allen Dingen auch einer eingehenden Betrachtung und Analyse zu unterziehen hat mich auf eine besondere Art, wie keine schriftliche Ausarbeitung zuvor, gefordert.

Der erste Eindruck, den der Roman auf mich machte, war interessant, neuartig und aufgrund seiner sprachlichen Gestaltung sehr anregend. Letzteres ist das meines Erachtens nach bedeutendste Element, das das Werk auszeichnet.
Grass achtet teilweise wenig auf die Übertragung inhaltlichen Stoffes, sondern hebt sie aus ihrer alltäglichen Funktion als kommunikatives Mittel heraus; er zeigt dem Leser, was Sprache losgelöst von ihrer Aufgabe als bedeutungsübertragendes Medium noch sein kann und wie schön sie sich im Munde anfühlt, wenn man sie mit Bedacht konsumiert.
Meiner Meinung nach beschreibt folgendes Zitat die Botschaft, die er übermitteln will, am treffendsten und charakterisiert gleichzeitig in gewisser Weise den Roman selbst:

„Es fehlt ja nie an Wörtern. Alles heißt, hat seinen Namen, will bestimmt sein. Wörter nageln jeden Gegenstand, plappern jeglichen Blödsinn nach, züngeln, werden gemischt zum Salat, sind weil geheiligt und gezählt, die sieben Worte am Kreuz. Aufgerufen geben die Buchstaben Laut. Sie fügen sich weich, beweisen Härte, so die ersten, als Adam zu ackern begann. Später, viel später dann, nachdem die Brüder Briefe mit Bettine gewechselt und charakterlose Creaturen auf Credit gelebt hatten, als Durst der Dürre gefolgt, die Eisenbahn von Leipzig nach Berlin geeilt und mit den Blättern im Tiergarten die Frucht gefallen war, gerieten die Buchstaben durcheinander bis hin zu den letzten in langer Reihe."[64]

Doch abgesehen von den Kunstwerken, die Grass aus *Grimms Wörter*n baut, ist es durchaus lohnend sich mit seiner inneren Beschaffenheit zu beschäftigen.
Ein Werk über ein berühmtes Geschwisterpaar vor dem Hintergrund ihrer Arbeiten zu verfassen und mit Teilen dieser auszustaffieren halte ich für selbstsprechend. Zwar wird es einem unkundigen Leser nicht einfach gelingen diese Muster herauszulesen, aber vielleicht macht gerade dies den Reiz aus.
Nach der intensiven Betrachtung des Werkes vor dem Hintergrund der Informationen über die Gebrüder Grimm sowie beispielsweise über deren Märchen ist es mir gelungen einen Teil der versteckten Hinweise und Parallelen aufzuspüren.
Die Tiefgründigkeit des Textes zu erfassen war mir also erst progressiv während der Arbeit an der grass´schen Abfassung möglich, was meinen Enthusiasmus für das Werk nur mehr gesteigert hat... .

Zusammenfassend kann ich wohl mit Recht behaupten, dass das Material, das diese 358 Seiten liefert, so mannigfaltig ist, dass es kaum in einer einzigen Betrachtung verarbeitet werden kann.

---

[64] GW 2010, S. 351.

LITERATURVERZEICHNIS

Primärliteratur

1. Grass, Günter: Grimms Wörter. Eine Liebeserklärung. Göttingen: Steidl Verlag 2010. (mit GW 2010 abgekürzt)

Internetquellen

1. Volker Hage und Katja Thimm für *Der Spiegel*. http://www.spiegel.de/spiegel/0,1518,711869,00.html (04.06.2011).
2. Gertrud Ennulat. http://www.ennulat-gertrud.de/Wald.html (22.11.2011).
3. Dr. Martin Weimer. http://glaube-und-kirche.de/drei.html (25.11.2011).
4. Presse- und Informationsamt des Landes Berlin. http://www.berlin.de/aktuell/07_02/ereignisse/aktuell_88690.html (23.11.2011).

Hinzugezogene Quellen zur Einführung in die Thematik

1. Martus, Steffen: Die Gebrüder Grimm. Eine Biographie. Berlin: Rowohlt Verlag GmbH 2009.
2. Briefwechsel zwischen Jacob und Wilhelm Grimm, hrsg. von Heinz Rölleke, Teil 1 Text, Stuttgart: Hirzel 2001 (= Kritische Ausgabe in Einzelbänden Band 1.1)

www.ingramcontent.com/pod-product-compliance
Lightning Source LLC
LaVergne TN
LVHW092103060526
838201LV00047B/1554